Un cadeau du Maréchal Ney

A

NAPOLÉON

NOTICE

PAR

Emile HUBLARD

CONSERVATEUR DE LA BIBLIOTHÈQUE PUBLIQUE

DE LA VILLE DE MONS (BELGIQUE)

MONS

IMPRIMERIE DEQUESNE-MASQUILLIER & FILS

1900

Un cadeau du Maréchal Ney

A

NAPOLÉON

NOTICE

PAR

Émile HUBLARD

CONSERVATEUR DE LA BIBLIOTHÈQUE PUBLIQUE

DE LA VILLE DE MONS (BELGIQUE)

MONS

IMPRIMERIE DEQUESNE-MASQUILLIER & FILS

1900

Extrait des Annales du Cercle Archéologique de Mons
tome XXIX.

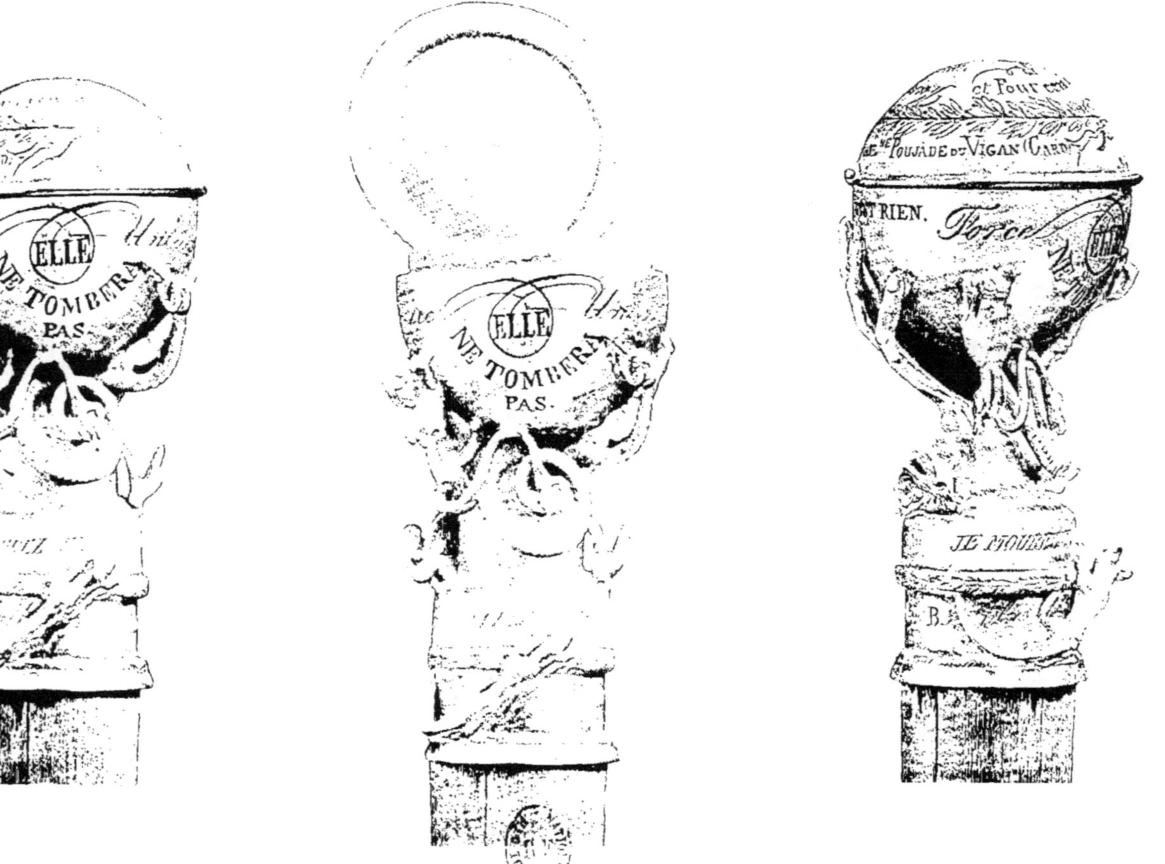

POMMEAU DE LA CANNE OFFERTE A NAPOLÉON PAR LE MARÉCHAL NEY (1814).

UN CADEAU DU MARÉCHAL NEY

A NAPOLÉON Ier

Un de ces heureux hasards, que bénissent les archéologues, nous a procuré le plaisir de voir un objet remarquable par les grands noms qu'il rappelle, et curieux par son originalité.

Cet objet est une canne ayant appartenu à Napoléon Ier et qui lui fut offerte par le Maréchal Ney, ainsi qu'en font foi les mots :

Maréchal Ney à S. M. Napoléon Ier, 1814

gravés sur l'anneau d'or enserrant le jonc.

A côté de cette inscription claire et précise, il en est d'autres d'un sens obscur et énigmatique, dont nous n'avons pu découvrir la signification. Nous les reproduisons avec l'espoir que de plus habiles et de plus érudits que nous parviendront à les interpréter.

Le motif principal du pommeau, haut de dix centimètres, représente une main soutenant le monde, symbole de la puissance de Napoléon.

Sur la moitié inférieure de la sphère, on lit :

Elle ne tombera pas

Cette inscription est entre les deux mots :

Force   *Union*

Sur le côté opposé :

Sans appui on n'est rien

Au sommet, et entourée d'une couronne de chène et de laurier, l'inscription :

Pour les miens
Mon père
Dieu
Moi
et pour ceux qui l'ont aimé.

En exergue :

Cap^{ne} Poujade du Vigan (Gard) F'. d. Ma^{ne} Royer. A Laval Dép^{t} de la M^{ne} '.

Sur la main, soutenant le globe, on lit :

Ma main faible attend

et l'inscription se continue sur les doigts :

Vos cocons
D'or et d'argent
F^{t} P. Poujade.

La base du pommeau porte :

Je mourez (sic) avec l'espoir

et plus bas, la suite de lettres initiales des mots d'une phrase que nous n'avons pu reconstituer :

N. P. B^{le}
S. M. de B.
J. N. V. O. P. V. plus fin que moi.

' Laval, département de la Mayenne.

Cette dernière phrase : *plus fin que moi* est coupée, entre les mots *plus* et *fin*, par un renard.

Sur l'anneau d'or est gravée l'inscription citée plus haut :

Maréchal Ney à S. M. Napoléon Ier, 1814.

La sphère figurant le globe terrestre s'ouvre en deux parties réunies par une charnière. Elle forme une boîte à usage de tabatière. Dans le fond du couvercle, et dissimulé derrière un disque d'argent qui s'enlève, se trouve un médaillon entouré d'un cercle d'or sertissant une glace sous laquelle se trouvait probablement un portrait qui a disparu.

Sur le cadre de ce médaillon, on lit :

V[s] le prenez D[s] votre poche[1] et moi dans ma pomme de canne.

La virole, comme le pommeau, est faite d'argent, encerclée d'or, et des inscriptions y sont gravées :

Je n'ai V[u] Q. Pr Vous[2]. A S. M. Napoléon Ier, 1814.
Il vous a dit v[s] ne connaîtrez pas le Bout de mes œuvres

et sur le bout :

V[s] aurez vu le bout de ma canne.

Avec les trois lettres :

P. V. B.

Les motifs décoratifs ont une signification plus facilement compréhensible que la plupart des devises ; ils rappellent certaines des qualités qu'on se plaît à attribuer

---

[1] Vous prenez le tabac dans votre poche.
[2] Je n'ai vécu que pour vous.

au grand homme. Le lion symbolise le courage ; le renard, la finesse et la ruse ; le serpent, la prudence, vertu qui n'était cependant pas dominante chez Napoléon, plus audacieux que prudent. Mais quelle allégorie trouver dans la feuille de mûrier et le bombyx représenté sous les trois états d'œuf, de chenille ou ver à soie et de papillon ? Faut-il y voir une allusion à l'industrie de la soie pour la prospérité de laquelle la sollicitude de l'Empereur s'est exercée en maintes circonstances ? C'est probable, et la phrase : *ma main faible attend vos cocons d'or et d'argent* corrobore cette conjecture.

L'artiste chargé de l'exécution de cette œuvre d'orfèvrerie[1], a suivi bien certainement les instructions de la personne qui destinait la canne à Napoléon.

Quelle est cette personne ?

Le maréchal Ney a offert la canne à l'Empereur; l'inscription, transcrite plus haut, ne laisse aucun doute à cet égard[2]. Mais que le prince de la Moskowa soit l'auteur de ces devises quelque peu puériles et l'inspirateur de ces symboles, nous ne saurions l'admettre.

Nous pensons que la canne a été faite sur les indications du capitaine Poujade, dont le nom est mentionné à deux reprises, et que, cédant à sa prière, Ney a consenti à la présenter à l'Empereur comme un gage d'admiration, de dévouement et de fidélité d'un ancien soldat.

Dans cette hypothèse, la figuration des vers à soie trouve une explication dans ce fait que Poujade, originaire du

---

[1] L'orfèvre chargé d'exécuter le travail ne serait-il pas la personne désignée sous le nom de Royer, à Laval ?

[2] Ce fut, selon toute apparence, dans les premiers mois de 1814 que la canne fut remise à l'Empereur. En effet, le 5 avril, Napoléon abdiqua, et quinze jours après il s'embarqua pour l'île d'Elbe, d'où il ne revint que l'année suivante, le 5 mars, date de son arrivée au golfe Juan.

Vigan (Gard), attachait une importance toute particulière au développement de l'industrie de la soie, source de richesses pour les départements du midi.

La personnalité de Poujade est peu connue ; qui était ce capitaine ?

Le propriétaire actuel de la canne, objet de cette notice, nous a conté, d'après une version qu'il tient d'un antiquaire de Toulouse, que Poujade du Vigan avait eu son heure de célébrité comme tambour-major de la garde impériale, et qu'il avait la réputation d'être le plus bel homme de son temps. Doué d'un courage à toute épreuve, Poujade ne reculait devant aucun danger, et une action d'éclat lui aurait valu le titre de capitaine et le privilège, qu'il prisait beaucoup, de porter un uniforme resplendissant d'or et de broderies.

Ce récit est, selon nous, légendaire ; il ne concorde pas avec les renseignements qu'un correspondant de l'*Intermédiaire des Chercheurs et des Curieux*, à qui nous exprimons toute notre gratitude, a bien voulu nous communiquer.

Les *Tablettes militaires de l'arrondissement du Vigan* ont consigné le souvenir des deux frères Poujade et relaté soigneusement leurs états de service ; elles ne les mentionnent ni l'un ni l'autre comme tambour-major de la garde ou de tout autre régiment.

L'article biographique qui les concerne nous apprend que, s'ils furent de bons et braves soldats, rien ne les distingue de tant d'autres de leurs frères d'armes qui versèrent leur sang pour la France.

L'aîné, Alexandre-David-Jean Poujade, naquit au Vigan, le 16 mars 1755, d'Antoine Poujade et de Marie Laclarrière. A l'âge de 20 ans, le 19 mars 1775, il entra au régiment d'Auvergne. Le 20 août 1787, il fut nommé caporal ; sergent, le 11 mars 1792 ; sous-lieutenant, le 6 avril 1795 ; lieutenant, le 4 octobre 1801 ; capitaine, le 25 août 1806. Il fit les campagnes d'Amérique, en 1782 et 1783, et toutes celles de 1792 à 1807.

Poujade, dit son biographe, allait au devant des dangers, et deux fois, il a payé de sa liberté la noble ardeur qu'il déployait dans les combats. Il fut fait prisonnier le 29 octobre 1795 [1] et rentra au service le 3 novembre 1797. A l'affaire de la Trebbia, le 19 juin 1799, il tomba de nouveau au pouvoir de l'ennemi qui le rendit à son pays le 28 février 1801. Après avoir servi plus de 33 ans, il prit sa retraite le 19 octobre 1808, emportant les regrets du 17e régiment qu'il n'avait jamais quitté jusqu'alors, y laissant des souvenirs honorables de son courage.

Son frère Marc-Louis naquit au Vigan, le 27 avril 1757. Il s'enrôla à l'âge de 16 ans, le 1er avril 1773, dans le régiment de Boulonnois, dans lequel il servit jusqu'en 1784. Le 1er septembre 1792, il prit les armes dans le 5e bataillon du Var, puis, d'après les ordres du général Biron, il fut sapeur au 6e bataillon, le 21 août 1800. Rappelé sous les drapeaux le 4 septembre 1809, il servit successivement dans le 1er bataillon des chasseurs étrangers et dans le 1er bataillon colonial.

Il fit en Corse les campagnes de 1773 et 1774, et prit part aux campagnes de 1792 à 1800, dans les armées des Alpes et d'Italie. Comme son ainé, il fut élevé au grade de capitaine. Deux fois blessé et réformé en 1800, il reprit du service jusqu'en 1809, et fut définitivement retraité le 7 juillet 1811 [2].

Et maintenant, lequel des deux capitaines Poujade du Vigan a-t-il eu la pensée d'offrir une canne à son empereur et l'honneur de la faire présenter par le *brave des braves*, l'illustre Maréchal Ney ?

Nous l'ignorons.

[1] Probablement pendant le combat livré sous les murs de Mayence contre les Autrichiens.

[2] Consulter : ARMAN, *Tablettes militaires du Vigan*, 1814, in-8°.

On connaît peu de cannes ayant appartenu à Napoléon. Le
« grand homme » n'en faisait guère usage si ce n'est peut-être
durant les dernières années de sa vie. Hormis la canne en
écaille de tortue de l'Inde vendue, à Londres, vers 1830,
pensons-nous, la canne, que nous décrivons, est, *à notre
connaissance*, la seule dont l'authenticité semble indiscu-
table. Parmi les reliques de ce genre, elle peut prendre
place à côté de la canne de Washington, atteignant aux
enchères publiques la somme de 5000 francs, et qui fut
léguée, à l'illustre général, par Franklin, exprimant sa
volonté en ces termes : « Je lègue mon bâton de bois
» de pommier sauvage, orné d'un bouton d'or en forme
» de chapeau de la liberté, à mon ami, l'ami du genre
» humain, le général Washington. Si c'était un sceptre, il
» serait digne de lui et bien placé dans sa main. »

Quant aux cannes ayant soi-disant appartenu au Grand
Frédéric, à J.-J. Rousseau, à Voltaire, le nombre en est
prodigieux, et nous n'en parlerons point. Un écrivain a fait
observer, à ce propos, que tous ces bâtons placés ensemble
formeraient une véritable forêt.

Sous la restauration, les cannes de Benjamin Constant
étaient très recherchées, l'une d'elles était ornée d'un pommeau travaillé en *pierre de la Bastille*. Plus tard, on
s'occupa de la fameuse canne de M. de Balzac qui fournit un
sujet de roman à Mme de Girardin.

Certes, nous aurions pu, dans cette étude, donner libre
carrière à notre imagination et, à défaut de documents, nous
livrer aux suppositions. Nous avons préféré laisser à d'autres
le soin de rechercher dans l'histoire anecdotique des armées
de la République et du premier Empire, des détails et des
renseignements circonstanciés que nos confrères de France
sont plus à même que nous de recueillir.

Notre dessein, en écrivant ces lignes, est uniquement d'appeler l'attention des chercheurs et des curieux sur un objet méritant d'être tiré de l'oubli et digne, par sa rareté, de figurer dans les collections d'un Musée[1].

ÉMILE HUBLARD

Mons, Janvier 1900.

-----

[1] Le propriétaire de cette canne nous fait connaître qu'il est dans l'intention de la vendre.

www.ingramcontent.com/pod-product-compliance
Lightning Source LLC
Chambersburg PA
CBHW060048090726
47597CB00012B/3470